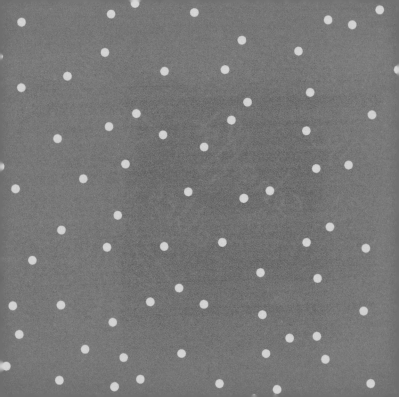

FÜHL DICH FEST GEDRÜCKT!

MANCHMAL IST DAS LEBEN
EINFACH GEMEIN UND UNGERECHT.
DIESES KLEINE BUCH SOLL DIR

**EIN BISSCHEN
MUT MACHEN.**

AUCH WENN GERADE
DICKE REGENWOLKEN
VORBEIZIEHEN ...
SCHON GANZ BALD
WIRD DIE SONNE WIEDER
FÜR DICH

scheinen!

SEI DIR SICHER:
DIE ZUKUNFT STECKT VOLLER
WUNDERBARER MOMENTE,
STAUNEN, WUNDER, LACHEN,
GLÜCKSTAGE, TRÄUME UND
SCHÖNER ÜBERRASCHUNGEN.

DAS GLÜCK
IST NÄMLICH WIE DAS MEER.
DIE WELLEN
KOMMEN AUCH
IMMER WIEDER.

AUCH WENN ES SICH VIELLEICHT
MANCHMAL SO ANFÜHLT:
Du bist nicht allein!
ICH BIN FÜR DICH DA –
MIT EINEM OFFENEN OHR
UND EINER FESTEN
Umarmung.

GEMEINSAM KEHREN WIR
DEN SCHERBENHAUFEN ZUSAMMEN
UND BAUEN ETWAS
NEUES
UND
WUNDERVOLLES
DRAUS.

DU BIST **STÄRKER,** ALS DU MEINST UND **MUTIGER,** ALS DU *denkst!*

SO VIELES
HAST DU SCHON GESCHAFFT.
AUCH DAS WIRD
keine Ausnahme
SEIN.
GANZ IM
Gegenteil!

DU KANNST **jeden Berg** BEZWINGEN! ES MUSS JA AUCH NICHT GLEICH DER **Mount Everest** SEIN.

UND WENN DU MAL
NICHT AN
DICH SELBST
GLAUBST, DANN GLAUBE ICH
EINFACH AN

LASS DICH NICHT

UNTERKRIEGEN

UND BLEIB

DU KANNST

ALLES
SCHAFFEN!

Vergiss nicht,

BESONDERS JETZT
GUT ZU DIR SELBST ZU SEIN.
GÖNN DIR MAL WIEDER
ETWAS RICHTIG

Schönes.

Ultimatives Rezept gegen schlechtes Wetter: UMGIB DICH MIT MENSCHEN UND DINGEN, DIE SICH EIN BISSCHEN WIE *Sonnenschein* ANFÜHLEN.

HALTE DIE AUGEN OFFEN
UND WARTE NICHT AUF EIN

GROSSES
WUNDER,
DENN DANN VERPASST DU
VIELLEICHT DIE

VIELEN
KLEINEN.

UND WENN DU
NICHT MEHR WEITERWEISST:
EINFACH MAL LOSTANZEN.
SCHÜTTEL ALLES
NEGATIVE
VON DIR AB!

DENK DRAN:
ES IST NUR EINE SCHLECHTE
Zeit,
KEIN SCHLECHTES
LEBEN.

WENN ALLES UNGEWISS IST,
DANN IST IMMERHIN AUCH
ALLES MÖGLICH.
HALTE ALSO AN DEINEN

Träumen

FEST!

ICH WÜNSCHE DIR
EINE GROSSE

**PORTION
MUT**

FÜR ALLES, WAS DU DIR VORNIMMST
UND GANZ VIEL KRAFT
ZUM DURCHHALTEN.

VIELLEICHT
WIRD SCHON BALD
ALLES
VIEL
leichter.

UND DANN KOMMT
EINE GLÜCKLICHE WENDUNG IM

DREHBUCH DEINES LEBENS.

ABER PSSST!

DAS ENDE KANN ICH DIR
AUSNAHMSWEISE
SCHON MAL VERRATEN:

*Alles
wird gut.*

UND BIS DIE SONNE WIEDER **FÜR DICH SCHEINT,** SCHENKE ICH DIR DIESEN KLEINEN **GUTE-LAUNE-KONFETTIREGEN ...**

KOPF HOCH!
UND FÜHL DICH
**GAAANZ FEST
GEDRÜCKT.**

Idee und Konzept: GROH Verlag. Das Werk einschließlich seiner Teile ist urheberrechtlich geschützt. Jede Verwertung außerhalb der engen Grenzen des Urheberrechtsgesetzes ist ohne Zustimmung des Verlages unzulässig und strafbar. Das gilt insbesondere für Kopien, Einspeicherung und Verarbeitung in elektronischen Systemen.

Bildnachweis: Cover: Shutterstock.com/Alenka Karabanova; Illustrationen: S. 2, 14: Shutterstock.com/dottyinkco, S. 5: Shutterstock.com/Ksusha Dusmikeeva, S. 6: Shutterstock.com/S-Victoria, S. 9: Shutterstock.com/Yamurchik, S. 10, 22, 25, 30, 33, 42: Shutterstock.com/lena_nikolaeva, S. 13: Shutterstock.com/Liliana Danila, S. 17, 41, 46: Shutterstock.com/Alenka Karabanova, S. 18: Shutterstock.com/Mn esthetique, S. 21: Shutterstock.com/Marish, S. 26: Shutterstock.com/AllNikArt, S. 29: Shutterstock.com/Ksenia Zvezdina, S. 34: Shutterstock.com/dottyinkco, S. 37: Shutterstock.com/Ksusha Dusmikeeva, S. 38: Shutterstock.com/OLENA KUZNIETSOVA, S. 45: Shutterstock.com/Limolida Design.

Layout: Fiona Hinrichs
Satz: Petra Schmidt Grafik Design
Gesamtherstellung: AZ Druck und Datentechnik GmbH, Kempten

Aus Verantwortung für die Umwelt hat sich die Verlagsgruppe Droemer Knaur zu einer nachhaltigen Buchproduktion verpflichtet. Der bewusste Umgang mit unseren Ressourcen, der Schutz unseres Klimas und der Natur gehören zu unseren obersten Unternehmenszielen.

Gemeinsam mit unseren Partnern und Lieferanten setzen wir uns für eine klimaneutrale Buchproduktion ein, die den Erwerb von Klimazertifikaten zur Kompensation des CO_2-Ausstoßes einschließt.

Weitere Informationen finden Sie unter:
www.klimaneutralerverlag.de

Fühl dich fest gedrückt
GTIN 978-3-8485-0020-8
© 2021 Groh Verlag. Ein Imprint der Verlagsgruppe
Droemer Knaur GmbH & Co. KG, München
www.geschenkverlage.de